Uređuje
Dragan Lakićević

Likovno oblikuje
Dobrilo M. Nikolić

znakovi pored puta

Goran Kostrović
ZAGROBNI SANOVNIK

pesme

Rad | Beograd
1990

„O, pesniče, hoćeš li da bude još lepše?
Poljubi u usta Remboa,
poljubi u usta Remboa,
poljubi u usta Remboa,
I zaspi."

      Galčinjski

UGOVOR
SA KORISNIKOM
SANOVNIKA

§

Ižvakana sećanja izbaciću iz sebe
da na samom početku
kovčeg ne pretvorim u poljski klozet
da se već prve noći
čitavo groblje ne sjati kod mene

san mi kvareći
umišljenim
nuždama

§

krevet
zameni
kovčegom

tumači
večnost što
zasnivaš

§

Smešeći se učtivo
onaj zub pokazuj
susednim vilicama

koje nikad pesmu
odsanjale nisu a
kamoli izustile

mada su davno
bile otvarane
više od tvoje

SANOVNIK

obogaćen sa sedam i više
protumačenih smrti

prilagođen smrtnicima
ovog podneblja

uređen tako da se lakše
prati tanka nit života

1.

Ovakav je mrak
u zajedničkoj rupi:

neko mi šiljatim laktom
vršlja po rebrima golica
Neznanac drugi petu ubacio
u moju očnu duplju Kao ćoravi
kralj tmine se ponašam Nadmeno
izabrah da pritisnem lobanjom
nečiju karlicu i žuljevit
jastuk sebi namenim Sa
stvarnošću budnije
da se sprdam
strašno
kreč kojim nas prekriše
sve praznine popuni

Šlag li
preliv — skrivalica
za užegli komad
istorije

PISMO
IZ PEĆINE ALTAMIRE

Dragi
htedoh se nasloniti
uza zid kad me vodič
opomenu kako mogu
majicu isprljati
Neki primitivac
crtao po zidu
Bik?
Jarac?
Rogonja kakav?
Ne bi ga bog
otac prepoznao
Dragi
mislim se
sretna li je zemlja
što se poput naše
toliko razvila:
samo daš jasnu
fotografiju
a čovek sa nje
bez ikakve magije
zauvek nestane

GRUDVANJE

Svake zime
iznenadnim plaše
Mrazom u kostima

koji bi mi skelet
u pahulju pretvorio

Svake zime
neobičnim straše
Grudvama kostiju

koje opet prete
da se na proleće
otope
ispare
a da

ni kap krvi
ne ostane

SLIKA PRIJATELJA

Debeli vrabac
umišlja da kljuca
kao i ostali
Ali
mehanički pokreti

u levo   u desno
krupnih mu očiju
odaju Drugačijeg

Debeli vrabac
narasta i već
golub mira ili
gladni kobac Postaje
reptil koji nezasito
proždire vrapčiće
drugarčiće
Pa paperje
leti

Paperje naivnih
uvek dobro popunjava
jastuk
za miran san
Drugačijeg

PRESEK

U ptičurda su
kosti šuplje tek
vazduhom popunjene

lakoća skeleta
dozvoljava let pa
zadivljeni ne pitamo:

vredi li sloboda ako
srži nema iz kostiju
ako nema biti Gukni ti
što te puštamo
o praznicima mira

kako li je praznim
kosturom šepuriti se
iznad onih čija sloboda
nikad neće ni na noge stati

Njoj su kosti
u tamnicama

Njoj su kosti
u grobnicama

Njoj su kosti
u vražjim
matericama

Njima su kosti
uvek bile previše
srži pune

LEPE SU OČI U BEZOČNOGA

Još samo devojke
u neiskvarenim sredinama
svoje oči proklinju
Eto
na primer
moj drugar Bezočni
toliko se toga nagledao
a opet lepe su mu oči
i ko bi rekao
da vide Istina:
posle takvih nesreća
valja se treptanjem
lečiti
na nov život
trepći slatko
zavodeći devojčice
tim istim očima
moj druže
trepći

da nikad
ne sagledaš
celinu

PUŽ I ČIZMA

Radni vek provedoh
baveći se lakšim poslom:

dužnost mi bi da sebe
očistim od kostiju

Ne hvalim se
kažem li
da orden rada
pošteno zaradih

Dane provodim
umirovljenički
U krevetu
u posmatranju

Ličim na slinu
na puža golaća
što je godinama
trpeći čizmu mislio
da mu je to kuća

MRTVA PRIRODA

Za velike pare
kupih namenski
delić giljotine

Korpu

u koju su nekad
sletale glave
prskajući
sledeće

Namenski
sebe radi

Korpu

u koju stavljam
neprskano voće

Neprskano
kažu
zdravije
kažu
zrelije

iz korpe
uprskanih krajeva

2.

Knjigama kruži ovakva priča:

Majakovskom ukraden štap
u policijskoj stanici
grada Pariza

Izmišljotina?
Sprdnja? Il ipak
Istina?

Štap sličan mernoj jedinici
kojom se pesnik ubeđivao
da je još uvek zemlji bliže
naglo pređe u trajno
vlasništvo nekog čuvara
reda bez iole savesti griže

Pa šta će
štap njima?
Za uspomenu puku? Rođendanski
dar inspektoru?
Koji će im moj pesnički štap
kad se njime samo
stvarnost dodiruje?
Jesu li hteli postati
poetičniji

možda? Izmusti muze iz njega?
Ko će to znati zašto

njihove ruke
i taj štap pretvaraju
u štake

ODBRANA ZAVEŠTANJA

Nema ničeg čudnog
što kosti ostavljam
komšijskom džukcu

Taj će me jedini oceniti
pravilno
postupno dolazeći do srži
Taj će me jedini i ceniti
pošto
neće napamet lajati

Nema ničeg čudnog
i pri punoj svesti
ako su mi divlje davno
i bez imalo stida
oduzeli sve

što su uspeli da dograbe
a što se dalo na brzinu
sažvakati

POLICIJSKI ČAS ČULA

Kad se sve zapuši
nastane gluvo
doba države

I mada rešetke odlično
posluže mesto lire Ta
pesma do nas ne dopire

A i kako bi

Uvežbala se vlast
i da noć ogluvi
i da dan oslepi

pa se u narodu samo sluti
kako krici nestaju u noći
a ljudi i u po bela dana

ČIŠĆENJE

Mozak si baš
bogovski isprljao
na prvi pogled

tragovi sumnje
tačkice otpora
Ništa
to nestane već
u pretpranju
Čak nije
toliko flekav
koliko je boju
izmenio Kao
da si u slobodu
umakao
Nije to kravata
pa slučajno
upadne u
masno
Ti si to namerno
i neće se to
oprati a da
mašina
ne uprlja obraz

KROJAČI MOJE SUDBINE

Razbucana usta
ušiju koncem

Zaraste li rana
pravilno
govoriću očima

a konac
rašije li se
biće pravilo

kako nema leka
za brbljivce
do brnjice
teške

teške poput
lake zemljice

RASPRODAJA

Probudi me
　Vatra

pucketava
suviše govorljiva
glasna

U pidžami kakve izdaju
za kineske a prodane su
jevtino Nađoh se na ulici

Velegrad pretvoren
u vatromet prostaka

Mi
što smo preplašeni
istrčali
nosimo iste pidžame
Jevtine
vidim
zapaljive

SVETLOSTI VELEGRADA

Šta vredi mesečini
i kad je ima

Toliko smo grad osvetlili
da desi se odjednom stvore se
i po desetak tvojih senki

Ne luduj kako te ovolika
svetlost na sve strane baca
Nije to posredi

Toliko smo grad osvetlili
da nas odnekud ne gutne mrak
koračamo okruženi telohraniteljima
koji poput senki štite zapravo

tek jednu
sen

UHODEĆI UŠI

Ovu pesmu puštam
na uslovnu slobodu
Biće
pod
prismotrom:

bude li sebe
pogrešnima namenjivala
neka se nanovo
u ladicu zaključa
Dotad

puštam je na uslovnu
na neku jadnu slobodu
puštam je a da ništa
više od napisanoga
ne govori
puštam je skoro mutavu
nepostojeću
dajem je na čitanje
kao opomenu
ne navodeći ni šta je
ranije zgrešila
puštam je no
čuvajte se ove pesme
daleko je od slobode
a i njen društveni
oporavak zavisi
od toga kako je
budete čitali

3.

Videh te
Gijome
s ordenom na prsima

pod miškom
topovsko đule
kao zgužvana pesma
koja nikog neće
pogoditi

Sa tim arsenalom
jesi li krenuo u rat
ili samo na kuglanje

i

kad si postao svestan
da nepesnička đulad
olako skidaju glave

a

zgužvanim pesmama
jedva da možeš
mesto zavoja
zaustaviti krvarenje

ŠKOLJKA

Prisloni uvo na
prerezani grkljan:

more gluposti huči
još toplom žrtvom

Čuješ li
Jedan ga zakla rečju
a drugi nožem
jer prvog posluša

Prisloni uvo Pazi
da ne bi tim morem brodio
šta govoriš onom koji nož
drži za pojas

4.

„Pa ipak, šta je za mene ta
kvintesencija prašine?"

Hamlet

Kraljeviću
strašljiva sudopero
nesigurnog Duha
prizivaš glumce
da podignu prašinu
pokažu zlikovca

Što sporo oštriš
mač me ne čudi:

na kamenu ludosti
tvoj jezik varniči

U trenutku
u suštini
predstave
jezički opiljak
postaje
zašiljena istina
koja zna se
jedino i probada
opiljak prašine

SAVET DOMAĆICI

Omanji tanjir nasred stola stavi
dok žvanjkamo da tu reči bacamo
Reči kosti hrskavice Reči
koje ne možemo sažvakati
niti cele progutati

U đubre ih ne bacaj nego psu daj
da se njima dobro najede
da nas posle njima lajući
za srce dobro ujede
srž
koju nismo umeli
iz reči izreći

IGRA SENKI

I majušna čaša rakije
ima svoju senku
i majušni pesnik
ima je Ponekad

zid čist
osvetljen za igru:
na njemu pesnik velik i crn
drži izduženu čašu
crnog pića punu

Majušni poeta ispija
majušnu čašu rakije
a senka sa zida
mu nazdravlja:

veliki iskapa
svoju vitku čašu
Crn
kao piće u njoj
Crn
kao da ljušti mastilo
koje bi majušni
samo upropastio

OGLEDALO PAUKA

U mreži se koprcajući
muva pauka oponaša
ne bi li ga navela na
pomisao
kako mu ogledalce
upade u mrežu
kako mu ogledalce
upade u maštu
pa od jedne stvarnosti
stotine nestvarnosti
drhtulje mu lovište

Iz svog ugla
krenu pauk
da se ogleda
u žrtvi

ZAPRAŠIVANJE PESME

„Kad od početka nema ničega,
gde da se skuplja prašina?"

Na tamu se prašina spušta
kao na čoju Vidljivo
ona izjeda
iznutra

Ume

još uvek u tami
držimo ženu
lekove novac noževe
kvarljivo Odgovor
sam pitanjem
daješ:

čestice prljavog su i
pre početka Duni
Gledaj
ogromno stvaranje
gde ničeg nema

5.

Prijatelju Fransoa Vijonu
pre mnogo vekova
istrulio mač
kojim je strasno bockao
debelu Margo

Raspala se odeća
u ritama sva još
za života
i kopča kaiša
i đonovi
i vilica
što grickaše
prljave sise
malih droca

Ostadoše njegova zaveštanja
ali i priča kako mu je
nad glavom stajala
omča
i još mu se za života
u oreol pretvorila

DOKLE SE OKOM VIDI

Pred pragom
na kojem će mi glavu
izdvojiti

Upita
Uopšteno
šta ti bi kuća

Odbrusih
godovima šije
Lomača koju grade
kao brvnaru savesno
ne bi li me iz života
povukli

sa zamazanim očima

VREĆICA ČAJA

Ako me smrt presretne recimo
u Engleskoj Nestrpljive mi kosti
ne hladite nepotrebnim prenošenjem
traženjem rodne grude Ne
Pokopajte ih baš tamo
posle podne
U pet grobari
kovčežić moj
više puta spuštajte
više puta dižite
misleći kako
u ključalu vodu ga uranjate
Protresite
Procedite me kao prostu
mešavinu kostiju i mesišta
i malo vremena mi dajte
da zacrnim strane
zemljane šolje
o koju će se onaj
božji prst
opeći

KAD DŽIN UMRE GDE NA PUTU

Udario si glavom
o nebeski svod
(tako je jedino
i mogao stradati)

Na mestu
gde si čelom
čuknuo
grdna rana
ostade

iz koje krv kaplje
kao kamenje teške
kaplje dobuju
po zemlji
odjekuje
na tvoje korake

pa te još čekamo

ŽIVOT ZA SUTRA

Ne pada mi na pamet
da štedim novac za
pokop i večnu kuću

Ja ću umreti u sebi
kao radnik u polju

Mozak će reći — puf
Srce će reći — cap
Oči će reći — noć

Umreću u sebi pred
izlazom iz sebe

na ustima
sa osmehom
na vrhu jezika
nekih par dana posle
smrti živeću
na vrhu jezika
nekih koji pokušavaju
da se prisete
ko se to usudio
u polju pre
nekih par
nepar dana

Sete li se
dece
popovaće:

jedan što nikad
nije hteo da umre
kad je mogao
već je večito ostavljao
svoj život za sutra

6.

Ne znam koliko je to bitno
ali mislim da počivaš
u samom srcu rake

Žudnja je nepoznatih
sa svih strana ušuškati
svačiju slavu

Jasno je:

stavljen među gnjide
istrulićeš pre
svršetka rekvijema

DANSE MACABRE

Tu ima mnogo mrtvih
mada to stanje
prećutkuju

Bude se u podne
prašinu mljackajući
misle o pasulju
što predveče
karlice ozvuči
u muziku pretvori

Tu ima mnogo mrtvih
a mnogo mrtvih zna
kuću da udesi u groblje
svetlost u kapljanje sveća
jastuke u mermerne ploče

Srca nemam da ih oteram

I meni ostade
tek nešto
kože na stopalima

Ne remeteći kućni red
skromnim papučama opremljen

sa prijateljima
predveče
uz muziku da igram

GROBLJE AUTOMOBILA

Prema našim izumima
čiste smo kurve

Na groblju automobila
nijednog groba
Valjda se podrazumeva
kako je svaki
grob za sebe

I po sebi

Razlupani trule
nebom zatrpani
Pokoji vaskrsne
u staro gvožđe
Ostali
i tu starost prestare
Ostane
tek rđav trag
na zemlji
i far okrenut
naopako
da zemlji
utrobu obasja

Put rđi
kazuje

ALEJA NEBITNIH

Pusti su grobovi
jer ih je kogod pokrao
skrnavio jer je štogod
koske oglockalo no
budimo blagi:

razni lopovi pustoše
večne kućerke ali kako
nazvati one što nas
žive
pelješe glođu za života
ogole do srži i od srži
Možda

pusti su grobovi
jer nemamo šta u njih strpati
do ustajalog vazduha
po kojem je nešto
odavalo prisustvo Nešto
kao rođak prijatelj Niko
tek u grobu nešto no
budimo blagi:

razni lopovi pustoše
večne kuće ali i prsti
naši
baš su dugački

Spretni još u mladosti
srž iščačkamo iz čoveka
Možda

pusti su grobovi
jer praznina rado
prazninu guta

7.

O pripovedaču
velikih mogućnosti
ćutanja

nagađa se Tajno

u jednoj šupljoj
knjizi — kutiji
držao kese
u koje bi posle
svakog razgovora
dugo povraćao
čitave rečenice
što je prećutao

šta je prećutao

POEZIJA KOJA NE OSTAJE

Približno:

– ona koja mi skrene pažnju na mrlju
na košulji da mi potom nos dokači
– ona koja zamrzne jezik
bi li ga bolje sačuvala
– ona koja pored svega
šutka pored te bok pogađa
– ona koja zaviri u vir
pa prcne u čabar

Naročito:

– ona koja nema ličnosti
u događaju koji uvek
nađe kakvog pesnika

Zaključno:

– ona koja mrtvu majku šamara
kako čujem kaže namršteni Relja

SRČA
ZABORAVLJENIH
PESNIKA

Od svog daha
reč pravim
i staklo

Samo majstor
višeg glasa
nad svojim

delom dahćući
mene će zauvek
u paramparčad

ZAGREVANJE

Prstima dobujem po
glavi Oponašam
kišne kapi

Tek kad mi je kosa
skroz mokra

dovoljno sam maštu
razbuktao

OKO ALHEMIJE

Izvadim sebi levo oko
kao za kajganu Mešam
beonjaču i zenicu
Naravno

postanem ćorav ali
i onoliko vidovit
koliko je oko
u glavi

sazrelo i za sobom
vidnog semena
ostavilo

GENIJ

Imao je neviđen svežanj
a koristio ga kao
buzdovan

Mesto da se bakće
tražeći ključ
za tu i tu glavu

lako je lupne
čitavim svežnjem
Smesta otvori

UVOD U VINO

Vreme poseduje
sastojke kvasca
i vrline vina

Neka mastila postaju
nevidljiva Druga pak
čitljivija

Ali ima malo mastila
što se sa toliko stila
obračuna sa vremenom
da se vreme posle
računa po njima

ZEMUNSKO GROBLJE

Dunav bi morao znati kako
iz njega zahvatam maštu

Vedro lobanjo Vedro

Neće mi raku prelaziti
kao presahlo korito

MORA
DUBOKOG SNA

Mnoge je more
polovične donelo
Upisani su kao
delimično nestali

Od starog vuka
dopliva tek
drvena noga

Upućenima
dovoljan znak

kako na ostatak
mornara
ne vredi čekati

TAMNI VOSAK

> onom mornaru koji se, po legendi,
> utopio kada sam cigaretu upalio
> o plamen sveće

Danas u menzi
u gužvi
ukraden mi je
upaljač
Ostadoh bez sigurne
vatre
Poslednjom šibicom
kod kuće palim sveću
Iz jevtine paklice
vadim cigaretu Duvan
u ogromnim količinama
ispada Da

ti ploviš bezbrižno
naslonjen na ogradu
Ne slutiš

ovu cigaretu moram
upaliti Užitak
divanjenja
mašina ne dopušta
Jedino kod kuće
pored sveće
vrhom cigarete
zahvatam
plamen

Zapljuskuje
veliki talas
baca te u more

Uvlačim dim kao
da penu srčem

Elise prepuštaju vodi
mleveno meso
istetovirano sidro
zanavek bačeno
na dno

Nervozno otresam
pepeo Nije zgodno
ni u mašti ubiti

Ako si zbilja
utopljen
Ako legenda nije
besmislica
Istrešću i ovo

U menzi
u gužvi
pored mašine
davim se
u tami
Jedino kod kuće
pored sveće
uz cigarete
opuštam se zadovoljno
daveći sretne mornare

NIKAKAV BROD

Što se mene tiče
ljuljuška me
barka

Mesto muza
praćen sam
psinama

A kad se sa pramca
umišljenog broda
spustiš na taj
nivo vode

menjaju se veličine
a vidovitosti
postaju nepotrebne

Oči u oči
sa psinama
ponavljam
u sebi:

takva bliskost utiče
da poezija tek
progleda na
temenu

Mnoge je glave
sledećih godina
more izbacilo

Osmatraču jarbol
iz groba štrči
Sa visine nadgleda

kako grobari
prevrću lobanje

Taj će prvi opaziti

kako grobari
liče na spasene

Grabeći lobanje
kao da ka obali
grabe

SAŽETAK

„U njegovim snovima slava, smrt i žena bili su jedna celina."

Mišima

HUK

Ispenjem se na krov
visoke kuće
predaka

dah me šiba
mom telu dajući
oblik crepa

kome u prolazu
prirodno
svu krv ispije

do žutila
da takva fotografija
ostane potomcima

u čast spomena mi
ispenjem se na krov
kuće za glavu više

Vetar u žestokim
naletima raznosi
detalje sa mene

pa i trunku nade
da se svi jednom
opet sakupe u jedno

POHVALA IGRI

Načinio od dasaka
što život znače
jevtin kovčeg

Igram Dajem se
Glumim Poklanjam se

Crvi su tapšali
poput svake
publike:

aplauz
izjeda
polako

VEČNI SAN

Često ta devojka
sedi pored prozora
Diše
parom pravi crteže
na oknu

Trenutak
svaki crtež
iz njega izađe
kao grumen zlata

Pa nestane

Prozor postane
nepresušni izvor
mnogih ljubavi
koje se u sećanju
javljaju sve
sažetije

Pa nestanu

Često ta devojka
sedi ka nestajanju
Diše
sa oknom Usta
na usta

Oživi me Maštom
na trenutak
da i ja budem
grumen zlata

BELEŠKA O PISCU

GORAN KOSTROVIĆ rođen je 19. jula 1966. godine u Beogradu. Objavio je dve zbirke pesama: *OBRTI* („Pegaz — Književna omladina Srbije", 1986) i *MIT O KAMENOM UMU* („Književne novine", 1988). Za drugu knjigu dobio je nagradu „Đura Jakšić".

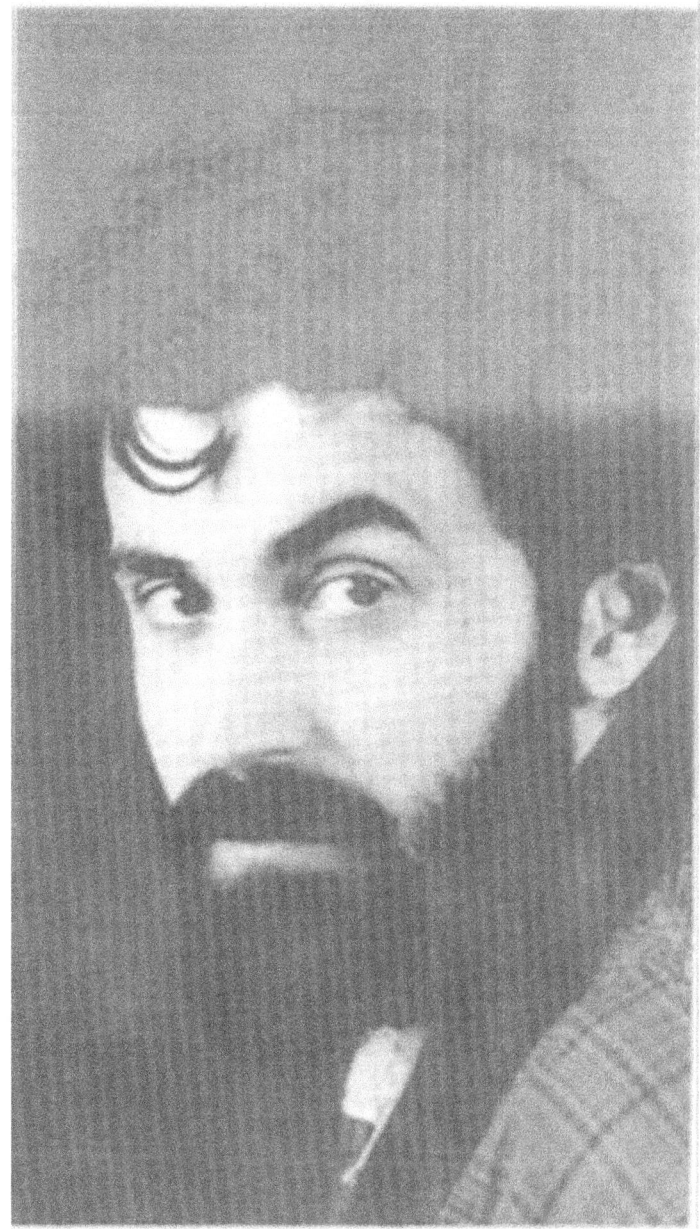

Fotografija
DIMITRIJE MANOLEV

SADRŽAJ

UGOVOR SA KORISNIKOM
SANOVNIKA

član prvi 9
član drugi 10
član treći 11

SANOVNIK

Goran 15
Pismo iz pećine Altamire 16
Grudvanje 17
Slika prijatelja 18
Presek 19
Lepe su oči u Bezočnoga 21
Puž i Čizma 22
Mrtva priroda 23

Štap Vladimira Majakovskog 24
Odbrana zaveštanja 26
Policijski čas čula 27
Čišćenje 28
Krojači moje sudbine 29
Rasprodaja 30
Svetlosti velegrada 31
Uhodeći uši 32

Tobdžija Gijom 33
Školjka 34

Hamletov mač 35
Savet domaćici 36
Igra senki 37

Ogledalo pauka 38
Zaprašivanje pesme 39

Priča o Fransoa Vijonu 40
Dokle se okom vidi 41
Vrećica čaja 42
Kad džin umre gde na putu 43
Život za sutra 44

Mocart u zajedničkoj raci 46
Danse macabre 47
Groblje automobila 48
Aleja nebitnih 49

Pesma o Andriću 51
Poezija koja ne ostaje 52
Srča zaboravljenih pesnika 53
Zagrevanje 54
Oko alhemije 55
Genij 56
Uvod u vino 57
Zemunsko groblje 58

MORA DUBOKOG SNA

Plima I 61
Tamni vosak 62
Nikakav brod 64
Plima II 65

SAŽETAK

Huk 69
Pohvala igri 70
Večni san 71

BELEŠKA O PISCU 75

Izdavačko preduzeće
„RAD"
Beograd, Moše Pijade 12

*

Za izdavača
Milovan Vlahović

*

Recenzent
Dragan Lakićević

*

Lektor
Bojana Strunjaš

*

Tehnički urednik
Đuro Crnomarković

*

Korektor
Miroslava Stojković

*

Grafička obrada teksta
Vesna Živković

*

Štampano
u 1.000 primeraka

*

Štampa
ČGP „DELO"
Ljubljana, Titova 35

CIP – Каталогизација у публикацији
Народна библиотека Србије, Београд

886.1/.2–1

КОСТРОВИЋ, Горан

   Zagrobni sanovnik : pesme / Goran Kostrović. –
Beograd : Rad, 1990 (Ljubljana : ČGP Delo). – 75 str. :
slika autora ; 20 cm. – (Znakovi pored puta)

Tiraž 1000. – Beleška o piscu: str. 75.

ISBN 86-09-00275-6

ISBN 86-09-00275-6

www.ingramcontent.com/pod-product-compliance
Lightning Source LLC
Chambersburg PA
CBHW071736040426
42446CB00012B/2378